DU BONHEUR:

PAR LEQUINIO,

REPRÉSENTANT DU PEUPLE,

Envoyé dans le Département de la Charente inférieure, prononcé dans le Temple de la Vérité, ci-devant l'Église catholique de Rochefort, le deuxième décadi de Brumaire, l'an second de la République française, une et indivisible.

CITOYENS, on vous parloit autrefois dans ce temple une langue étrangère ; on ne vous y occupoit que de choses incompréhensibles, de mystères et d'inepties ; de choses que vous n'entendiez pas, et que n'entendoient point eux-mêmes ceux qui vous les débitoient avec autant d'emphase que d'imposture. C'étoit alors le temple du mensonge, c'est aujourd'hui le temple de la vérité ; elle va se montrer à vous telle qu'elle

A

est ; elle sera sans ornement , car la vérité n'est jamais plus belle que quand elle se montre dans sa nudité, brillante comme la lumière, et pure comme la simple innocence.

Frères et amis , je vais vous parler de ce qui vous intéresse tous , de l'objet après lequel vous soupirez tous, et auquel tendent toutes vos actions. Que veut chacun de nous ? Que voulons-nous tous ? Que cherchons-nous depuis l'instant où nous devenons capables de quelque volonté, jusqu'au moment où notre sang se glace, et où tous nos besoins s'anéantissent ; nous voulons être heureux , rien autre chose ; l'enfant qui manie ses jouets et les retourne en tous les sens, l'homme fait qui travaille avec courage , et le vieillard qui calcule ses économies, le laboureur qui sillonne péniblement sa terre , le marin qui s'expose à l'inconstance des vents et à la fureur des flots, l'homme oisif et pauvre qui mendie honteusement au lieu de travailler, et le riche accapareur qui s'alimente voluptueusement du travail et des sueurs de tous ceux qui l'entourent , l'homme foible qui cherche la paix et le tyran qui a l'audacieuse impudence de croire que les autres sont nés pour le servir, le simple manœuvre et l'homme de loi ; tous , en un mot, tant que nous sommes, grands ou petits , forts ou foibles , jeunes ou vieux, nous songeons au bonheur ; nous voulons être heureux, et nous ne pensons qu'à le devenir. Voyons donc s'il est des moyens qui puissent nous faire arriver à ce but, et quels ils sont.

N'attendez pas que je vous parle ici des anges et des archanges du paradis, des champs élisées, des houris de Mahomet, enfin de toutes ces farces ridicules qu'on a si long-temps jouées devant vous et devant les autres peuples, n'attendez pas que je vous entretienne de la félicité céleste que les ministres des religions, dont tout l'art consistoit à tromper, vous ont promise après votre mort, pourvu que, pendant votre vie, vous fissiez bêtement tout ce qu'ils vouloient, et que vous travaillassiez pour eux jusqu'à votre dernière heure ; c'est par cette illusion de l'esprit, et par cette promesse d'une vie future, que les imposteurs ont, dans tous les pays, gouverné le peuple ignorant et crédule, et qu'ils l'ont tenu dans l'asservissement et la misère en maîtrisant son imagination, et en le frustrant des jouissances d'ici bas, sous la fausse promesse d'un bonheur éternel dans l'avenir !

Non, Citoyens, il n'est point de vie future, non ; la musique céleste des chrétiens et les belles houries des Mahométans ; la majestueuse face de l'Éternel et la puissance de Jupiter ; le tartare des anciens et l'enfer des nouveaux ; notre paradis et les champs élisées des Grecs ; Satan,

Lucifer, Minos et Proserpine, ce sont autant de chimères également dignes du mépris de l'homme qui réfléchit, inventées par ceux qui avoient besoin de tromper le peuple pour le gouverner, et qui s'étoient promis, pour cela, de lui interdire à jamais l'usage de son intelligence et l'emploi de sa raison.

Non, mes amis; lorsque la vieillesse a durci les fibres qui composent le tissu de nos vaisseaux, comme elle durcit les fibres de l'arbre qui végette; le cœur n'est plus également élastique, ses mouvemens n'ont plus la même activité; le sang ne circule plus avec la même vivacité dans nos veines; la même chaleur n'agite plus nos membres, et enfin il vient un instant où tout se refroidit, où tous les fluides finissent de couler, et où tout le mouvement cesse, alors nous ne sommes plus; ce n'est plus nous; alors absolument semblable à cet arbre désseché par la vieillesse qui a dépouillé son écorce, et qui n'a plus de verdure, qui se réduit en poussière, et qui retourne à la terre et à tous les élémens dont il s'étoit formé; notre corps insensible comme le sol sur lequel il est étendu, cadavre infect et froid, se pourrit, se décompose, et retourne de même aux différens élémens qui s'étoient trouvés réunis dans sa composition; il va concourir à former d'autres êtres, des vers, des poissons, des plantes et mille autres corps différens ; jamais les parcelles qui en sont sorties , ne se trouveront rassemblées dans un même tout ; jamais il ne restera de nous que les molécules divisées qui nous formoient et le souvenir de notre existence passée.

Ne songeons donc plus , Citoyens , à un bonheur imaginaire inventé par ceux qui vouloient, aux dépens du peuple , se procurer toutes les jouissances réelles ; ne songeons point à être heureux quand nous ne serons plus , soyons-le pendant que nous pouvons l'être , pendant que le mouvement nous anime et que nous respirons.

Mais où faudra-t-il chercher le bonheur ? Y en a-t-il de réel et d'absolu , et que faire pour y parvenir? Beaucoup prétendent que le bonheur est un être de raison , et qu'il n'existe que là où l'imagination le place.

L'un , dit-on , met son bonheur à jouir d'une grande fortune , l'autre à étaler un luxe imposant , un troisième ne veut qu'une belle femme pour être heureux ; celui - ci aime la table , celui - là le jeu , et chacun se fait son bonheur à sa manière ; ce qui rend heureux un homme , feroit le malheur de son voisin ; tel est le langage vulgaire.

Quant à moi , je pense tout différamment; une opinion pareille n'est , à mon avis , qu'une erreur , et qui , pour être accréditée depuis long-temps, n'en doit pas moins être mise au nombre des préjugés qu'il est important de détruire ; ils ont, ceux qui parlent ainsi, confondus leurs passions et leurs plaisirs avec le bonheur, et c'est le moyen inévitable de n'être jamais heureux ; si une jouissance, quelle qu'elle soit, pouvoit durer autant que nous, et n'être troublée par aucune amertume, sans doute qu'alors on seroit heureux ; l'ivrogne n'éprouveroit plus après une soirée de folie, le reveil douloureux et accablant du lendemain ; le voluptueux ne seroit plus en proie à mille infirmités qui sont le fruit amer de son incontinence, le jeune homme épris d'une passion ardente, cesseroit d'être accessible au venin de la jalousie qui vient empoisonner ses plus délicieux momens ; le vieil homme avare et collé sur son trésor, cesseroit d'être la victime de cette passion soucieuse et noire qui tourmente les derniers instans de sa carrière, en le rendant l'objet du juste mépris de ceux qui l'entourent.

Quel est l'homme qui, songeant à ses jouissances personnelles, puisse s'assurer qu'elles seront durables, et qu'elles ne seront point accompagnées ou suivies de cuisans remords et d'inutiles regrets ? Le bonheur n'existe donc point dans les jouissances personnelles, et il ne peut exister ainsi dans l'imagination, puisque l'imagination toujours vagabondante, ou souvent refroidie, laisse dans le cœur de l'homme se succéder, presque sans interruption, les désirs qui se changent en tourmens réels, quoiqu'ils soient souvent accompagnés de plaisir.

L'homme est toujours ingénieux à se tourmenter ; à peine a-t-il possédé ce qu'il souhaitoit le plus, qu'il n'éprouve qu'un refroidissement et un vuide accablant. Il est poussé par son inquiétude et par son ambition à chercher encore plus loin ; il court ainsi de désir en désir ; il marche de besoins en besoins ; il arrive au bout de sa carrière ayant pensé, toujours à lui-même, ayant toujours imaginé qu'il alloit être heureux, et n'ayant jamais éprouvé qu'une succession tumultueuse de plaisirs et de dégoûts, de désirs et de remords, de jouissances et de chagrins ; enfin il tombe, et dans cet instant où il va fermer les yeux pour la dernière fois, sa débile paupière se soulève encore pour chercher inutilement le bonheur.

Ne croyons donc point que le bonheur soit dans l'imagination, Citoyens, et croyons qu'il en est un réel ; il dépend de nous d'en jouir ; il suffit de le vouloir ; quelques réflexions vont nous indiquer où le trouver.

Dans l'état de sauvage, l'homme a peu de

besoins, il est vrai, puisqu'il ne connoît ni l'ambition, ni l'intérêt ; tout son bonheur consiste à satisfaire ses nécessités physiques, ainsi que les autres animaux ; mais encore éprouve-t-il en cela des obstacles qui le tourmentent, l'irritent ou le blessent, et qui l'empêchent d'être heureux ; s'il pêche, il n'est pas sûr de réussir ; s'il chasse, il peut être frappé par l'animal qu'il veut atteindre, ou bien celui-ci lui échappe, et s'il se trouve exposé à une faim dévorante ; s'il possède une compagne, la jalousie cruelle vient l'inquiéter, elle le livre follement à des combats sanglans contre ses voisins, et lui interdit les douceurs du repos ; en un mot, il n'est pas heureux ; il l'est moins encore que les autres animaux au milieu desquels il se trouve, et qu'il poursuit pour en faire sa proie, parce qu'il sent plus vivement qu'eux, et qu'il n'a pas réfléchi qu'il ne sait point gouverner ses sens et régler ses idées.

L'homme ne peut donc être vraiment heureux que dans la société ; là, il prend des forces morales et physiques qu'il ne pouvoit acquérir dans l'état d'isolement où vit le sauvage ; là, il parvient, par les arts, à satisfaire tous ses besoins et à surmonter tous les obstacles ; enfin, là, il se procure toutes les jouissances que le cœur humain peut désirer ; mais il faut, pour

être

être heureux , qu'il ne contrarie point tout autre qui , comme lui , voudroit se procurer la même jouissance ; car , en contrariant un autre , il s'expose à être contrarié lui-même ; il faut plus encore , il faut qu'il veuille le bonheur d'autrui , et pour lors il travaillera franchement à faire ce qui convient aux autres , afin que les autres travaillent à ce qui lui convient à lui-même.

Toutes les fois que l'orgueil enflera son cœur, et le portera à s'élever dédaigneusement au-dessus des autres , et à les mortifier , ou bien il ne pourra point atteindre son but, ou bien il deviendra l'objet de la haine universelle.

Toutes les fois que n'écoutant que sa nonchalance et sa paresse, il refusera de travailler pour les autres, les autres, avec raison , dédaigneront, s'ils pensent, de travailler pour lui-même. Eh ! que seroit dans la société , l'homme qui ne travaille pas , si les autres s'avisoient de réfléchir ? Il ne seroit que l'objet du mépris général. Le paresseux tombe dans l'avilissement et la misère ; le paresseux reste nécessairement en proie à toutes les passions ; il s'y livre sans frein ; il en est le jouet ; il devient l'opprobre en même temps que le fléau de la société.

En vain l'homme né avec de la fortune se prétendroit-il exempt de travailler ! qu'est-il donc

B

ce riche orgueilleux qui se croit dispensé de bien faire ? Il est le possesseur de toutes les richesses que les autres ont amassées pour lui ; il seroit par lui-même incapable de pourvoir au plus petit de ses besoins, il a su, ou son père a su être plus adroit que les autres ; il a su calculer les sueurs des autres et leur trravail ; il a su faire hausser le prix des denrées en les accaparant, et grossir sa fortune de la misère publique ; mais a-t-il su fabriquer quelqu'une de ces denrées ? A-t-il su travailler ces champs dont il se dit propriétaire ? A-t-il su construire ce vaisseau qui est allé lui chercher à l'autre bout du monde, les marchandises qu'il vient vendre au triple dans son pays ? A-t-il su forger les instrumens avec lesquels se fouillent les mines qui lui ont procuré l'or qu'il dit le sien, et dont il s'enorgueillit tant ? Non, Citoyens, il n'a rien fait de tout cela ; il en est incapable, et il tomberoit dans la détresse et la plus cruelle inanition, si l'on refusoit de travailler pour lui.

Malheureusement le peuple n'a pas encore assez réfléchi pour sentir fortement ces vérités ; retenu jusqu'ici dans la plus profonde ignorance par tous ceux qui avoient intérêt de l'asservir, par les tyrans politiques et religieux de toute espèce, par les rois, les nobles et les prêtres,

(11)

le peuple n'a pas encore osé songer à l'éga-
lité sociale; il n'a pas osé réfléchir que ceux
qu'il appelloit religieux, n'étoient que des imposteurs et des hypocrites qui lui défendoient de
raisonner, afin de pouvoir le dominer et vivre
à ses dépens ; que ceux qu'il appelloit grands ne
l'étoient que parce qu'il se faisoit petit, et qu'ils
se soumettoient ignominieusement à des hommes
ses égaux, qu'il auroit pu d'un seul de ses mouvemens écraser comme l'homme écrase le ver-
misseau rampant et sans force. Enfin le peuple
n'a jamais osé, jusqu'ici, réfléchir que l'homme
riche ne l'est que par le travail du peuple ; ce-
pendant il est important qu'il y songe et qu'il y
songe sans cesse, car c'est le seul moyen d'a-
néantir l'aristocratie des riches qui a pris la place
de l'aristocratie des nobles, et qui doit dispa-
roître comme elle

Mais en vain toutes ces réflexions donneroient-
elles lieu à la révolution morale chez le peuple
réuni en masse, si elle ne se faisoit aussi dans
l'esprit et dans le cœur de chacun, l'ordre général de la société pourroit, jusqu'à un certain
point, être bon, sans que chacun des individus
qui la composent, eût trouvé le bonheur. Où
doit-il donc le chercher ? Où, Citoyens ? Au
dedans de lui-même, dans le fond de son cœur,
dans l'abnégation de soi-même, dans le travail

et l'amour des autres ; voilà tout le secret.

Par le travail, l'homme se rend indépendant ; il peut exister en tout pays, en tout climat ; il n'est à charge à personne ; il conserve sa santé, ses forces physiques et le développement de ses facultés morales ; il se rend nécessairement utile aux autres, et il se rend, malgré eux, possesseur de leur estime.

Par l'abnégation de soi-même, l'homme maîtrise tout ce qui l'environne en s'élevant au-dessus de toutes les circonstances ; son ame prend de la fierté ; il sait souffrir, et les intempéries des saisons, et les vicissitudes de la fortune et l'inconstance des orages politiques, et les dérangemens même de sa constitution physique, le trouvent toujours impassible, insusceptible d'abattement et incapable de malheur ; car le malheur n'est pas dans la circonstance, quelque désastreuse qu'elle puisse être ; mais dans l'affliction qu'elle nous cause : or l'homme qui à réfléchi et qui s'est dit à lui-même je veux être heureux ; je veux être au-dessus de toutes les adversités ; je veux ne me rendre esclave de rien ; je veux être à moi, et je veux être maître de moi ; celui-là ne peut jamais éprouver d'affliction.

Perd-t-il une portion de sa fortune ? Eh bien ! il s'y attendoit, il n'y avoit aucune attache, il n'en ressent aucune douleur ; est-il atteint de quelque infirmité ? Il la supporte avec courage ; il sait que le temps, qu'il n'est en notre pouvoir, ni de presser, ni d'arrêter, amènera sa guérison ; il souffre avec patience et ses maux ne sont rien ; éprouve-t-il ce qu'il y a de plus cruel pour un homme qui pense et pour une ame qui sent, la perte d'une maîtresse ou d'une épouse, d'une amie tendre compagne de son existence, et qui partageoit ses peines ainsi que ses plaisirs ? Eh bien ! il est encore au-dessus de cette perte, il sait que la vie humaine a nécessairement un terme ; il sait qu'il devoit s'attendre à cette séparation ordonnée par la nature ; il y comptoit, et cette expectative loin de l'abattre, n'a fait que le rendre plus heureux, songeant qu'il ne pouvoit pas se promettre une jouissance éternelle, il a toujours craint de n'avoir pas le temps de faire assez de bien à celle qui charmoit sa vie ; il a profité de tous les instans, il a redoublé de soins et d'attentions pour rendre sa compagne heureuse, et, lorsque la mort vient la ravir à ses embrassemens, il lui reste au fond du cœur la douce satisfaction qui le consolera toujours, d'avoir, autant qu'il a pu, contribué à sa félicité. Si son ame ardente exalte quelquefois son imagination dans les rêves de la nuit ; si le desir de revoir cette compagne aimable vient la présenter à son cerveau échauffé ; eh bien ! dans ses rêves encore il sera parfaitement heureux, car il verra cette image toute rayonnante de joie, toute pleine de reconnoissance et portant un visage serein auquel il ne manquera que la parole pour exprimer la satisfaction que sa bouche à l'air de respirer. Au moment de son reveil, il verra l'illusion se dissiper, il est vrai, mais son ame sera tranquille et il conservera long temps le souvenir enchanteur de la douce agitation qu'il vient d'éprouver.

En un mot, l'homme qui a fait abnégation de lui - même, est au - dessus de tous les accidens, de toutes les pertes, de tous les évènemens; l'univers se briseroit avec fracas; tous élémens viendroient à se confondre, et son corps à se dissoudre sous les masses entassées, que son ame calme et ferme au milieu de ce désordre, s'échapperoit à travers le bouleversement de la nature, et planeroit avec tranquillité sur l'immensité de ses débris.

L'homme qui a fait abnégation de lui-même, ne se laisse emporter ni à l'orgueil, ni à l'ambition, ni à l'avarice, ni à aucune des passions qui troublent le cœur humain, et qui le tourmentent sans cesse, en lui faisant toujours courir après un bonheur imaginaire qu'il ne peut jamais atteindre ; de même qu'il ne se laisse point abattre par les adversités, il ne se laisse point surprendre par une lueur de prospérité, il ne se laisse point enivrer par des plaisirs qui bientôt

seroient suivis de froideur et de dégoût ; il ne se
laisse point emporter aux folles joies que peuvent
inspirer quelques instans d'une jouissance ardem-
ment désirée ; il sait user de tout, et reste par-
tout inaccessible à tous les excès ; enfin, et c'est
ici le triomphe de la sagesse humaine, l'homme
qui a fait abnégation de lui-même, est tout en-
tier au bonheur des autres, et il trouve sa félicité
propre dans la félicité publique ; il ne peut voir
un malheureux sans être enclin à le soulager ; il
ne peut rencontrer un indigent sans désirer d'a-
voir quelque chose à partager avec lui ; toujours
heureux quand il croit que les autres peuvent
l'être, ses pensées, ses actions, tout en lui se di-
rige vers le bonheur public ; et par un retour
aussi juste qu'inévitable, il reçoit à chaque instant des marques de reconnoissance et d'amitié ;
l'homme n'est point né insensible et ingrat, et,
malgré les vices de la société, celui qui travaille
sincèrement au bonheur des autres, est toujours
assuré d'en éprouver de la reconnoissance et de
l'amour ; il est donc heureux ; mais celui dont je
parle est encore heureux, alors même que ses in-
tentions sont méconnues ; il reste toujours au-
dedans de sa poitrine le sentiment profondément
gravé d'avoir voulu le bien ; des larmes délicieu-
ses viennent toujours arroser les bonnes actions
qu'il a pu faire et le venger en secret de l'in-

justice des méchans et de l'égarement du public trompé par eux ; en vain la calomnie vient-elle à l'attaquer ; en vain l'ambition , la jalousie et toutes les petites passions attentives à égarer les uns pour persécuter les autres , lui susciteroient-elles la haine de la multitude ; il est calme au milieu des orages politiques qui s'élèvent sur sa tête, comme il le seroit sur l'Océan, au milieu de la tempête et de l'agitation des flots ; et s'il faut, comme le vertueux *Beauvais* , mourir sur un échafaud , il y monte avec fermeté , sur de sa conscience , consolé par le sentiment de ses bonnes actions, et certain que sa mort sera suivie des regrets et de l'affection de la postérité.

L'homme qui veut le bonheur des autres , est nécessairement père tendre, ami sincère , fils reconnoissant, époux fidèle et maître indulgent ; il voit ses domestiques comme ses égaux qui veulent bien lui louer leurs bras et il les traite comme ses amis ; il voit tout le monde sourire autour de lui , parce qu'il sourit lui-même à tous ceux qui l'entourent, et il réunit dans ses jouissances la félicité de tous les autres ; il partage autant qu'il peut leurs peines à tous, et il est aussi heureux qu'eux tous ensemble.

L'homme qui est avidemment épris du bonheur des autres , est nécessairement patriote, il abhorre l'oppression qui rendoit la multitude malheureuse ; il abhorre l'aristocratie , de quelque espèce qu'elle soit , parce qu'elle ne peut exister qu'en faisant le malheur de la multitude ; il déteste l'orgueil et la puissance de l'individu qui tourmente et humilie les foibles ; il ne reconnoît d'autres puissances que celle de la loi , quand elle est faite par le peuple , parce qu'alors elle est faite pour le bonheur de tous, et non comme autrefois pour le bonheur d'un seul ; il déteste la tyrannie, et s'il étoit en son pouvoir, il écraseroit lui seul tous les tyrans.

Oui , citoyens , voilà ce qu'est nécessairement l'homme qui a fait abnégation de lui-même , et qui est sincèrement épris de l'amour des autres ; et si les événemens contrarient ses désirs pour le bonheur public ; s'il voit sa patrie en proie à des dissentions désastreuses ; s'il voit la multitude ignorante victime des intrigans qui abusent des connoissances qu'ils ont au-dessus d'elle, et qui prennent tous les masques pour la dominer; s'il ne peut réussir à terrasser ces monstres qui abusent de tout pour satisfaire leur égoïsme ; s'il se trouve enfin dans l'impuissance d'agir et qu'il soit forcé d'être témoin du malheur des autres ; au milieu de l'indignation qui l'agite contre les persécuteurs et les tyrans de ses semblables, un sentiment de chaleur s'empare de tout son être ; il jouit jusques dans ses désirs et ses regrets ; ses yeux fondent en larmes et les pleurs qu'il verse sur les calamités publiques deviennent encore une félicité pour lui, parce qu'il se trouve satisfait de sentir qu'il est sincérement désireux du bonheur des autres, alors même qu'il ne peut y contribuer.

Citoyens qui m'écoutez, vous venez de voir où je place le bonheur ; dans l'amour du travail, dans l'abnégation de soi-même, et dans l'amour des autres, en un mot, dans la vertu, ayez le corrage de le chercher là, vous serez toujours sûr de le trouver.

O amour ! amour sacré de la Patrie ; toi qui embrâse tous les cœurs où tu pénétre, et qui enflamme toutes les imaginations, toi qui renverse les trônes et punit les tyrans qui avoient eu l'audacieux orgueil de s'y asseoir pour le malheur de la multitude ; c'est toi que j'invoque en ce moment ; obéis à ma voix ; allume ton feu divin dans toutes les ames ; fais y germer la haine des tyrans de toute espèce, politiques ou religieux ; répands dans tous les esprits le profond mépris qui est dû si justement aux imposteurs qui, jusqu'à ce jour, ont asservi l'espèce humaine en la forçant à croire et en lui défendant de raisonner : force l'homme à s'élever à sa dignité ; force le peuple à penser à ce qu'il est, et à ce qu'il doit être ; force tous les individus à prendre la seule route qui puisse le faire arriver sûrement au but qu'ils se proposent, le bonheur; force-les à le chercher, là où il se trouve toujours, et où je viens de l'indiquer; que par ton pouvoir il ne coule désormais dans leurs veines qu'un sang enflammé de l'amour des autres et de l'amour de la vertu; que tous les hommes fraternisent, il en est temps; que tous les peuples viennent à se réunir : que toutes les tyrannies s'anéantissent; que toutes les hypocrisies disparoissent; que tous les trônes se brisent; que toutes les limites s'effacent, et que dans quelques siècles enfin, l'espèce humaine puisse arriver à ne faire par-tout qu'une même famille, et le globe qu'elle habitera, qu'une même patrie.

La Société républicaine de Rochefort arrête par acclamations, que le discours de Léquinio, sera imprimé à ses frais, pour être envoyé dans tous les départemens.

Signés BERTOUY , *président de la société populaire de Rochefort, déporté de la Guadeloupe.*

BARBAULT-ROYER , *Indien ;* SERRE , GUERIN , G. CHARRIER , *secrétaires.*

E X T R A I T

Des délibérations de la Société du Club national.

La Société après avoir pris connoissance de la présente Adresse, en a délibéré à l'unanimité la réimpression. Bordeaux, le 4 Nivôse, l'an second de la République Française, une et indivisible.

C. A. YZABEAU , *Président.* REYNAUD , *vice-Président.* GIRARD , FONTANES , DUFRESNE , MARGARON , *Secrétaires.*

EXTRAIT DES REGISTRES

DE LA SOCIÉTÉ POPULAIRE D'ANGOULÊME.

Séance du 16 Nivôse.

LE Citoyen LEQUINIO, représantant du Peuple, et Commissaire de la Convention Nationale dans le Département de la Charente inférieure, les deux Sêvres, la Vendée, etc. est monté à la Tribune, et dans un discours plein d'énergie, a fait sentir que le fanatisme étoit aussi dangereux au genre humain que la tyrannie ; il en a peint tout le ridicule et la cruauté. La Société et les Citoyens des tribunes y ont donné les plus vifs applaudissemens.

Ce même Représentant a fait de suite lecture d'un discours de sa composition sur le bonheur du Peuple ; sur la motion d'un Membre, et appuyée à l'unanimité, la Société a arrêté que ce discours seroit imprimé en nombre d'exemplaire suffisant pour être distribué à toutes les Communes du Département, et qu'il seroit lu dans le temple de la Raison le Décadi prochain.

Pour copie certifiée conforme.

DESPREZ, *pour le président,* LATREILLE, *secrétaire.*

ANGOULÊME,

Chez P. BROQUISSE, Imprimeur du Département.
deuxième année républicaine.